© Copyright by Kornel Strzyżyński 2020

Published by Brookside Design 2020

www.brookside.design

Cover illustration © Copyright by Heather Berry /Renaissance Gallery/

Consulting and translation by Cristina Battle

Polish version correction by Grażyna Dobromilska

Cover design and composition by Dagmara Smoktunowicz

ISBN 978-1-5272-3469-7

KORNEL STRZYŻYŃSKI

blue
almonds

BROOKSIDE DESIGN

*A special thanks to a Cumbrian artist who
dedicated much of her live to this book*

she is.
in the shadow of grace
surrounded by the appearance of a rock touches
the colours
dies of thirst
while she is water crazy wave
icy coldness
every day is a day of the first meeting and the eve
of parting
in full cry of art
a wonderful creation still not discovered hope of
love
a brook full of God's love

Kornel Strzyżyński

lines drawn
remained
carefully bent
at a right angle
positive
negative
the mundane
daily ones

rysowanie kresek
zostało
starannie wygiętych
pod kątem prostym
dodatnich
ujemnych
takich zwykłych
codziennych

in accordance with the manuscript
I wrote a biography
birth certificate
and death
history's transition
of love's disappointments
I print out with a correction
my own
fisticuffs

z rękopisem zgodnie
napisałem życiorys
i akt urodzenia
i zgonu
historię przeniesienia
miłosnego zawodu
do druku oddałem z poprawką
moją własną
rękoczynową

sunbeams under the wardrobe
dreams by
dust from the past,
river in your pocket
images hang
on the nose of conscience

słońce pod szafą
kurzem minionym
śni
rzeka w kieszeni
obrazy wiesza
na nosie sumienia

the stove smiles
at me
opens the oven
so seductively clothed
in the fridge and the kettle
warmed-up sighs
ask the enigma that
overwhelms
why man is male
chauvinist

uśmiecha się do
mnie kuchenka
rozdziawiła piekarnik
i tak zalotnie przyodziana
w ścierkę i czajnik
rozgrzana wzdycha
i pyta niezrozumieniem
przejęta czemu
- człowiek to męski
szowinista

why
when I'm passing you
I stumble
over myself with
reproach

dlaczego
gdy ciebie mijam
potykam się
o siebie z wyrzutem

you say I am
for you
you are stroking my hands
kidnapping my gaze
glass ashtray
on the table between us
grows ash
moments of the soul evaporate
you leave and wait
until panting
from the chase I return

mówisz że jestem
dla ciebie
głaszczesz moje dłonie
porywasz spojrzeniem
szklana popielniczka
na stole między nami
obrasta popiołem
chwil duszy ulotem
odchodzisz i czekasz
aż zziajany
pogonię wrócę do ciebie

I will lie down in the middle of the
street
I will stop the tram
a finger tip
and so I would rape
The Highway Code
to the revelation of the driver
and his passengers

położę się na ulicy środku
tramwaj zatrzymam
skinieniem palca
i tak leżąc gwałcił będę
kodeks drogowy
i objawienie motorniczego
i pasażerów jego

I slept
when the cock was crowing
in the dawn
people left I betrayed
many of them
my dead friend
I slept and did not know
I was sinning when I was dreaming
is a living dream a sin?
I believe the sun will rise again
when the cock crows

spałem
gdy pianie koguta
o świcie wspomniałem
ludzie odeszli i sam zdradzałem
ich wielu
mój martwy przyjacielu
spałem i nie wiedziałem
grzeszyłem gdy śniłem
czy grzechem jest sen żywy
wierzę, że słońce znowu
wstanie gdy koguta pianie

could not afford to drink
can not
social illness
could not stand to howl
can not
social necrosis
can not afford to live
can not
social assistance

nie stać by pić
nie może
choroba społeczna
nie stać by wyć
nie może
martwica społeczna
nie stać by żyć
nie może
pomoc społeczna

wind-blown
wind of conscience
for branches of hands
call
for bread – perverted nonentity
she understood the harlot
the accountant of existence

potargał się
wiatr sumienia
o gałęzie rąk
wołania
chleba – niebyt zboczony
pojęła ladacznica
księgowa istnienia

unjustified
orphanhood's
memory's myth
beloved
with distaste
turn into loose change
the fusty odour of vision
yearning reality
remains
in the name of father,
mother and child

nieusprawiedliwiony
sieroctwem
wspomnienie mitem
kochanie
rozmieniam na drobne
z niesmakiem
zatęchłe widzenia
została
realność tęsknienia
w imię ojca i matki i syna

what happened
with a table
leaning a bit
today
so unremarkable
– quiet –
had a hard night
overworked

co się stało
ze stołem
jakiś dzisiaj
pochylony
taki nijaki
– cicho–
ciężką miał
noc
przepracowany

for mother's day
from rebellion tulips have grown
non-tears of impotence wetted the
cry of the dawn from the womb
the colours adept
the serpent's shape
roots of unbelief
not from the soil, not from the salt
no pain since long time
stems sold and those not bought
altogether in time into the dustbin
thrown after an
abortion

na dzień matki
z buntu wyrosły tulipany
nie łzą niemocy roszone
wrzaskiem brzasku z łona
kolorem przybrały
postać węża
korzenie niewiary
nie z ziemi nie z soli
już dawno nie boli
ścięte sprzedane i te niezakupione
wszystkie razem o czasie do śmietnika
wrzucone
po aborcji

say no –
loudly
say no – damn it
look –
nihilism died
and the fact is alive
in the gutter

powiedz nie –
głośno
powiedz nie – do cholery
spójrz –
nihilizm umarł
a fakt żyje
w rynsztoku

my constant
principles
hide under the bedclothes
not yet casting
the impetus of fulfilment
in an imagined existence
explaining you
being a woman

zasady moje
niewzruszone
zakrywam pościelą
nieposmakowane
spełnienia zapalczywość
w wydumanym istnieniu
tłumaczą ci
bycie kobietą

half ajar
the dream goes away
and again
I'm going to chase them
from the sixth floor
through the window
with a flash of silence
I will wait until morning
I will use the stairs they
will save my life

niedomknięciem
odchodzi marzenie
i znowu
polecę je gonić
z szóstego piętra
przez okno
ciszy przebłyskiem
poczekam do rana
użyję schodów
ocalą mi życie

on the eleventh-storey
deftly throwing dreams
I get into the elevator
I press a sigh
thirst for the summit
gravitation of conscience
another message
first, last, ground floor, exit
from the building drone
bees after dropping
freedom
and no admission
leave in love
with the automated announcer's
voice

w jedenastopiętrowym
zręcznie ciskając marzenia
wsiadam do windy
przyciskam westchnienia
pragnienie szczytu
ciążenie sumienia
kolejny komunikat
pierwszy, ostatni, parter
wyjście z budynku
trutniom po spuszczeniu
wolność
i wstęp wzbroniony
wyruszam zakochany
w automatycznej spikerki
głosie

I was close to heaven
when Judas quoted Thomas
and I stayed
hands in pockets

blisko byłem nieba
gdy Judasz cytował Tomasza
i zostałem
z rękami w kieszeniach

mature wall
coloured yellow
two flies on top of each other
I clap my right hand
another Picasso
one day
I create a wall
red

dojrzała ściana
kolorem żółtym
dwie muchy na sobie
klaszczę dłonią prawą
kolejny Picasso
kiedyś się wezmę
i zrobię ścianę
czerwoną

playing children
moulding clay
hold sticks
they do not sit quietly
because once it worked, once it didn't
work
it's mine and that's mine
the neighbours' windows are deaf
clean curtains
look at them –
brats it's clear
but whose sticks are they?

bawiące się dzieci
lepią z gliny
trzymają badyle
nie siedzą cicho
bo raz działa a raz nie działa
to moje i tamto
a okna sąsiadów głuche i
czyste firany
spojrzeniem roztrząsają –
bachory wiadomo
ale czyje badyle?

self-discipline a full bag of delusions
expecting failure
I look at the walls
outside the window the milkman
has confused memories
wandering finger in the shoe
unrealized morning
smell of bread in the twilight
again the same
overblown sleepless
shopkeeper
she will sell me fags

samodyscypliny pełnym worku rojeń
oczekując niespełnienia
przyglądam się ścianom
za oknem mleczarz
pomylił wspomnienia
błądząc palcem w bucie
niedoszłym porankiem
chleba zapach w półmroku
znowu ta sama
przekwitła niedospana
sklepowa
sprzeda mi fajki

in my prayer
I babble to the wall
I make a sign
a question mark, a second,
a third, with distaste
hidden in the closet
clapping happily
the corpse of the idolator
sweet desires
a wonderful stench
I am afraid to ask
why I rotted

w mojej modlitwie
paplam do ściany
robię znak
zapytania i stawiam drugi
i trzeci z niesmakiem
schowany w szafie
klaszczę radośnie
trup bałwochwalca
słodkie pragnienia
cudownym smrodem
boję się pytać
dlaczego zgniłem

to the empty words
stripped of illusion
as if I had stolen
another delusion
looking in hope
the future of fulfilment
naked truth
my stone heart
broken

do gołosłowia
odarty ze złudzeń
jak gdybym wykrakał
kolejną ułudę
patrząc w nadziei
przyszłość spełnienia
naga prawda
pękło mi serce
z kamienia

on the eve of illusions
I write memories
down in stone
I record images
surrounded by time
ready to fly
I stretch my arms
more hyena
or vulture?
a mythomane of existence

w przededniu złudzeń
spisuję wspomnienia
w kamieniu
utrwalam obrazy
osaczony czasem
gotowy do lotu
rozciągam ramiona
bardziej hiena
czy sęp
mitoman istnienia

I saw the heart
in the palm of a hand
chained to the wall
a crowd of people with stone
eyes all around
laughter, lashed by shame
in an orgy of gratitude for the
scene
heart cries ripped by tears
as in pain, still full of love
it will forgive
I do not know
I await word

widziałem serce
na dłoni
przykutej do ściany
tłum ludzi z kamieniem
oczami wokoło
śmiech hańbą smagany
orgia wdzięczności za scenę
serce płakało łzami rozdarte
jak w bólu wybaczy
miłości wciąż pełne
nie wiem
czekam na słowo

under the carpet
unexcavated remains
desiccated memories
of perversions
tantalize
unvacuumed

pod dywanem
nieodkryte wyrzuty
podeschłe wspomnienia
wynaturzeń
dokuczają
nieodkurzone

standing in front of the window
me as dad
cry of emptiness
summer ends
behind the back
dad and dad
… I stayed

przed oknem stałem
ja jako tata
wołanie pustki
skończonego lata
za plecami
tata i tata
… zostałem

with dirty slender finger
I touch my own fur
fighting with sadness
posing for a photo
scratching old wounds
of torn happiness
I scream to the heavens
being still
deaf

paluchem wysmukłym
sierść dotykam własną
walcząc ze smutkiem
pozują do zdjęcia
rozdrapane rany
szczęściem podartym
krzyczę wniebogłosy
będąc wciąż
głuchy

on father's day
birth rising up
from the grave of unfulfilled
promises
of fishing, cycling
walking together
childish longing
reproval of adulthood
reminiscence
craving reconstruction
only
I still would love
as I needed
only father

w dniu ojca
urodzin powstaje
z grobu niespełnienia
obietnic
wędkowania, roweru
wspólnego spaceru
dziecinnym pragnieniem
dorosłości wyrzutem
wspomnieniem
oceny zachcianka
już dalej tylko
tak kochał będę
jak pragnąłem
tylko ojca

battered by fidelity
cleaved to the womb
tongue embittered
counting the notches
of the moment's perfume
wanton disorder
savour of fulfilment
returns inspired

wiernością sponiewierany
przylgnąłem do łona
językiem zgorzkniałym
odliczam znamiona
zapachem chwili
bezładna swawola
smakiem spełnienia
powraca natchniona

subordinate in taste
and smell
I do not open my eyes
guiding thought
old harlot
do not tell anyone
in crude fetters
clamped in sin
woven basket
of apples, pomegranates
I am looking for calm
by the leash leads
my own old harlot
free will
do not tell anyone

spolegliwy w smaku
i zapach
nie otwieram oczu
myśl przewodnia
stara łajdaczka
nie mów nikomu
w siermiężne kajdany
zakuty w grzechu
plecionym koszu
jabłek, granatów
szukam spokoju
na pasku wiedziony
moja własna stara łajdaczka
wolna wola
nie mów nikomu

I fed my hope as jelly from a cabbage
through a straw sipping the juice /
/ from the nectar of dreams
in the half-dark, half-platter, half-carcass
almost a man
me, only me,
in the centre amongst the people
blind halfwit
among the blind fools
like them, staring at the mirror
struggling with my own engrafted mask
I curse all others than mine, /
/ their's malodorous exhausted by
the ritual of blindman's buff
I stumble over my own legs
not reaching the threshold
I hang on the door handle,
not yet by the neck
coming to the end,
I begin to understand slowly
remaining blind
under masks a face is one and the same
the mirrors pierce their eyes

żywiłem nadzieję, kisielem z kapuchy
przez słomkę popijając soczek
z nektaru marzeń
w półmroku, półmisek, półtusza
prawie człowiek
ja i tylko ja w centrum pośród ludzi
ślepy półgłówek
pośród głupców ślepych
jak i oni zapatrzony w lustro
szarpiąc się z maską własną
przyrośniętą
przeklinam wszystkie inne, bo cudze,
śmierdzące
zziajany rytuałem ciuciubabki
potykam się o własne nogi
nie sięgając progu
uwiesiłem się klamki,
jeszcze nie za szyję
dochodząc do kresu zaczynam
rozumieć powoli
pozostając wciąż ślepy
pod maskami twarz jedna ta sama
lustra wykłuły w niej oczy

I sit unwritten
head shoulders
the rest blanketed in revulsion
by hospital blanket
love battered
and now stabbed
look at me the pictures
the others' destitutions
my own
asks for coffee
connate with catheter
adoration of the cross

siedzę niedopisany
głowa ramiona
reszta przykryta odrazą
szpitalnym kocem
miłość obita
a teraz kłuta
spoglądają na mnie obrazy
te czyjeś inne nędze
moja własna
mnie prosi o kawę
zrośnięta z cewnikiem
adoracja krzyża

at this moment rain
covers illusions
washed drop by drop
make-up disappears
ungainly agreement
a prosthesis of vision
in front ugliness
without taste or feeling
stone blind
in the midst of beauty
with self adoration
my eyes burst

w tej chwili deszcz
przykrywa złudzenia
kroplą zmyty
odchodzi makijaż
nieporęczna zgoda
protezą widzenia
naprzeciw brzydoty
bez smaku i czucia
ślepy jak pień
pośrodku piękności
z zachwytu nad sobą
pękły mi oczy

almost close to madness
thoughts of straying armies
covered by silence
the cry of morning
– darning teeth
holes
convert into small change
the customs of human nature
alone best by myself
surrounded by the abaci
of measurable gain
or rather loss
have me as your brother

tak blisko obłędu
myśli zbłąkanych zastępy
ciszą zasnuty
wrzask poranka
– cerują w zębach
dziury
przeliczają drobne
celnicy ludzkiej natury
sam pośród siebie
wokoło liczydła
korzyść wymierna
czy raczej strata
mieć mnie za brata

on the eve of dreaming
devouring the sweet day
close to happiness
nail varnish
touch of the lake
smell of the mountain
leaves
I`am still forced into
my disguise of postman
wearing the fetters of happiness

w przededniu rojenia
dzień pożeram słodki
bliskością szczęścia
paznokci lakierem
dotykiem jeziora
zapachem gory
odchodzi
ja ciągle muszę
przebrany za listonosza
nosić szczęścia kajdany

seeking a semblance of grace
I wipe away a tear of doubt
from the right eye socket
a mouth full of screams
ends as usual
coughing and vomiting
in the holy conviction
that I remain a man
reproachfully I feel
my last sense imprisoned
in a can of cola
liberated absolutely from
dreams, thoughts and panties
I forget what they are
blue almonds

szukając pozoru łaski
ścieram łzę zwątpienia
z prawego oczodołu
pełne usta wrzasku
kończą jak zwykle
kaszlem i wymiotem
w świętym przekonaniu
ja ciągle człowiek
jak mniemam z wyrzutem
zamykam ostatni mój zmysł
w puszce coli
absolutnie wyzwolony
z marzeń, myślenia i majtek
zapomniałem co to są
niebieskie migdały

I break the strawberry
in my blue glove
by chemistry turning red
flash of the sprinkler
she lands in the basket
queen of the moment
bonus for quantity only a dream
the devils took
someone is shouting at me with an
accent
or without
I do not know
I do not speak
and palette appraisal mixes
with saliva
queen
sold from the organic's shelf
who knows
maybe they'll throw me out

zrywam truskawkę
w mojej niebieskiej rękawiczce
dochodzi czerwienią po chemii
blaskiem spryskiwacza
ląduje w koszyku
królowa chwili
bonus za ilość marzeniem
diabli zabrali
ktoś do mnie krzyczy z akcentem
lub bez
ja nie wiem
nie mówię
język i podniebienie
ocenę ze śliną wymiesza
królowa
z półki organik sprzedana
kto wie
może mnie wyrzucą

longing for you
in fear of debauchery
sketching windows on the wall
sure that the word
behind them will rise
smashed teeth of conscience
sold to a diligent fairy
in laughter stripped of illusion
I copy gestures, looks
hung over the sink
you made me a mirror
of my sin
I hear the cleansed hands
but still doubt
is it for sure you
who looks
through me

tęskniąc za tobą
w strachu rozpustą
bazgrolę okna na ścianie
pewny że świat
zza nich wzejdzie
wybite zęby sumienia
sprzedane skrzętnej wróżce
w śmiechu odarty ze złudzeń
powielam gesty, spojrzenia
powieszony nad zlewem
zrobiłeś mnie lustrem
mojego grzechu
słyszę umyte ręce
i wciąż wątpię
czy to na pewno ty
przeglądasz się
we mnie

TABLE OF CONTENTS:

SPIS TREŚCI: